DATE DUE

Harriet Tubman
Una lección de coraje

Elizabeth Kernan

Traducción al español: Tomás González

The Rosen Publishing Group's
Editorial Buenas Letras™
New York

Published in 2002 for The Rosen Publishing Group, Inc.
29 East 21st Street, New York, NY 10010

First Library Edition in Spanish 2002
First Library Edition in English 2001

Book Design: Haley Wilson

Photo Credits: Cover, p. 1 © SuperStock; pp. 5, 6, 9, 11, 13, 15, 17, 18, 21 © Corbis-Bettmann.

Kernan, Elizabeth
    Harriet Tubman : a lesson in bravery / Elizabeth Kernan: traducción al español Tomás González.
        p. cm. - (The Rosen Publishing Group's reading
    room collection)
    Includes index.
    Summary: This book describes how Harriet Tubman, escaping
slavery on the Underground Railroad, returned to the South to free
more than 300 slaves through the same escape route.
    ISBN: 0-8239-8319-6 (pbk)
    ISBN: 0-8239-6517-1 (hc)
    6-pack ISBN 0-8239-6580-5
    1. Tubman, Harriet, 1820?-1913--Juvenile literature
2. Slaves--United States--Biography--Juvenile literature
3. African American women--Biography--Juvenile literature
4. African Americans--Biography--Juvenile literature
5. Underground railroad--Juvenile literature   [1. Spanish Language Materials1.
Tubman, Harriet, 1820?-1913   2. Slaves   3. African Americans--
Biography   4. Women--Biography   5. Underground railroad]
I. Title   II. Series
        973.7/115--dc21
        [B]
Manufactured in the United States of America

Contenido

Nacida en la esclavitud

Araminta Ross, conocida como Harriet, por el nombre de su madre, nació en la **esclavitud** en una **plantación** de Maryland en 1820. Vivió durante una época terrible en que muchas personas en los Estados Unidos poseían esclavos. A los esclavos los traían de África y los obligaban a trabajar en las plantaciones. El **amo**, o propietario de los esclavos, los compraba y los ponía a trabajar para él. Algunos escapaban al norte de los Estados Unidos, donde muchos negros vivían en libertad.

Los esclavos trabajaban durante muchas horas recogiendo algodón o en labores domésticas. No se les pagaba por su trabajo.

6

Infancia de Harriet

Los esclavos vivían en pequeñas **cabañas** con muy pocos muebles y sin ventanas. Los esclavos trabajaban en los cultivos o en las casas de los amos. A los cinco años de edad, a Harriet la enviaron a otra casa a que hiciera labores domésticas para una mujer. Su **ama** le pegaba cada vez que estaba descontenta con su trabajo.

Muchos esclavos vivían en pequeñas cabañas sin ventanas.

Tiempos difíciles

En una ocasión, un propietario de esclavos se enojó con Harriet porque no le ayudó a atrapar a un esclavo que se había escapado. Se enojó tanto que le lanzó un objeto pesado a la cabeza. Harriet casi muere a causa de la lesión cerebral que le causó el golpe, y por el resto de su vida sufrió desmayos y mareos.

Harriet pasó épocas muy difíciles durante los años que vivió en esclavitud.

Sueños de libertad

Harriet oyó historias sobre muchos esclavos que buscaban su **libertad**. Supo que algunos de ellos se habían rebelado contra sus amos y escapado al norte de los Estados Unidos. En 1884, Harriet se casó con John Tubman, un esclavo que había sido puesto en libertad. Como Harriet temía que la vendieran y la separaran de John empezó a planear su escape.

Muchos esclavos vivían en cabañas en plantaciones como ésta en Georgia.

11

El Ferrocarril Clandestino

Harriet supo que algunos esclavos habían decidido escapar en el llamado "Ferrocarril Clandestino". El Ferrocarril Clandestino no era en realidad un ferrocarril. Se trataba de una ruta secreta que tomaban los esclavos que escapaban en el Sur para llegar al Norte, a veces hasta Canadá. Harriet decidió escapar en el Ferrocarril Clandestino.

Muchos esclavos arriesgaron la vida para alcanzar la libertad. Algunos se escondían en cajas de madera y viajaban como carga en los trenes que iban al Norte.

Escape a la libertad

Mucha gente valiente arriesgó la vida para ayudar a escapar a Harriet y a otros esclavos. Durante su viaje por el Ferrocarril Clandestino, algunas personas los orientaron, les dieron comida y les ofrecieron sitios dónde dormir. Harriet a veces viajaba en carreta y a veces en lancha. Por las noches caminaba por los bosques y durante el día se ocultaba en graneros.

La gente que organizó el Ferrocarril Clandestino hizo posible que más de 100 mil esclavos alcanzaran la libertad.

15

Por fin libre

Harriet llegó a Filadelfia, Pennsylvania, en 1849. ¡Luego de treinta años de vivir como esclava, por fin había logrado la libertad! Pero estaba preocupada por los amigos que había dejado en el Sur y decidió regresar para ayudarles a obtener la libertad.

Como Harriet, muchos esclavos escaparon gracias al Ferrocarril Clandestino.

En ayuda de otros esclavos

En Filadelfia, Harriet encontró trabajo en una cocina. Con el dinero que ganaba hacía viajes al Sur. En estos viajes, trabajando como "**conductora**" del Ferrocarril Clandestino, Harriet ayudaba a escapar a los esclavos. Los conductores eran personas que viajaban en carretas con piso de doble fondo, donde los esclavos viajaban de una "**estación**" a otra. Las estaciones eran casas donde los esclavos paraban para alimentarse, descansar y cambiarse de ropa.

Harriet (extrema izquierda) ayudó a su familia y a muchos otros a escapar hacia el Norte.

19

El coraje de Harriet

Durante los once años que Harriet trabajó en el Ferrocarril Clandestino, ayudó a más de 300 esclavos a alcanzar su libertad. Cada vez que regresaba al Sur corría el riesgo de ser capturada. A pesar de que los propietarios de esclavos ofrecieron 40 mil dólares por su captura, Harriet continuó rescatando esclavos.

Harriet viajó diecinueve veces al Sur para rescatar esclavos.

21

En defensa de grandes causas

En 1860, Harriet hizo su último viaje al Sur. Después, durante la Guerra Civil, sirvió en el ejército de la Unión como enfermera, espía y **exploradora**. Durante el resto de su vida, Harriet continuó luchando por otras causas, como los derechos de las mujeres y la educación de los negros. Vivió hasta los noventa y tres años de edad.

Glosario

ama (la) Esposa del amo, o señora de la plantación que tenía autoridad sobre los esclavos.

amo (el) Persona que es propietaria de los esclavos de una plantación.

cabaña (la) Pequeña casa o choza rústica.

conductor, ra Persona que trabajaba en el Ferrocarril Clandestino ayudando a los esclavos a alcanzar la libertad.

esclavitud (la) Sistema en que unas personas se hacen "dueñas" de otras.

"estación" En el Ferrocarril Clandestino. Lugar donde los esclavos se detenían a alimentarse y cambiarse de ropa en su ruta de escape hacia el Norte.

explorador, ra Persona a la que se envía para que averigüe lo que está haciendo el enemigo.

libertad (la) La capacidad de hacer, decir o pensar lo que se desee.

plantación (la) Hacienda donde la gente que vivía en ella cultivaba algodón, tabaco o caña de azúcar.

Índice